MARUKO

「まるこカフェ」の前でお客さんを待つまるこ

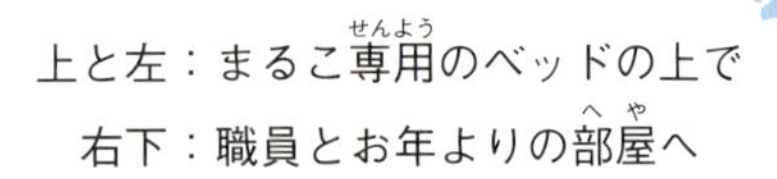

上と左：まるこ専用のベッドの上で
右下：職員とお年よりの部屋へ

上と左：お年よりとすごすまるこ
下：お年よりのくらす
リビングで

上：雪の日に。
うしろのたてものはたじま荘
下：功労動物として表彰された
まるこ。賞状など

いやし犬 まるこ

お年よりによりそう犬の物語

輔老 心・著

岩崎書店

もくじ

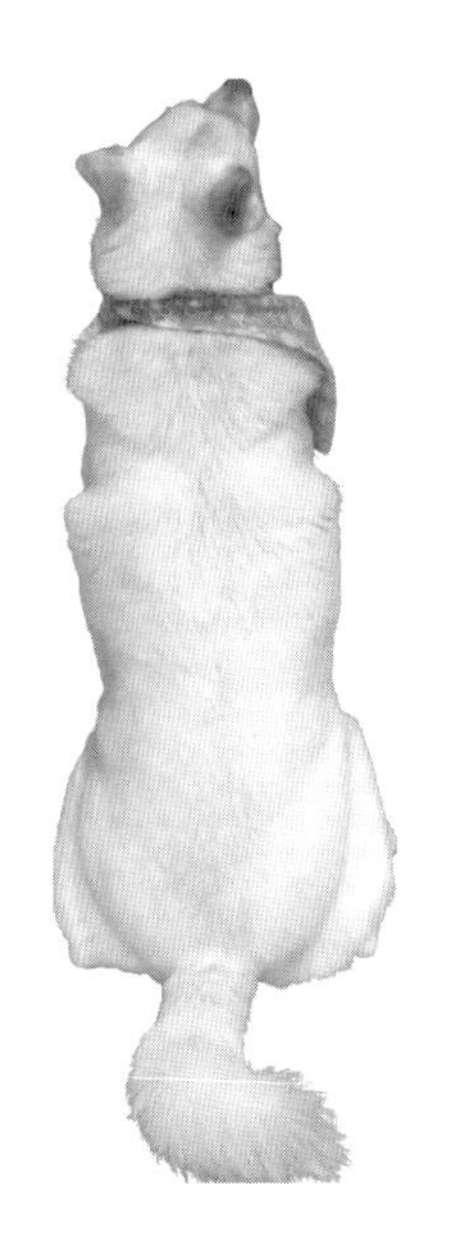

第一章
犬すて山のまるこ　～たんじょう～

四百頭のすて犬たち

ベベンベン
ベベンベンベン
ベベンベン

犬はどこから来た。
犬はどこへいった。

犬ってものは、たいがい、どこからか来て、どこかへ行ってしまう。
ベベンベン。

物語の主人公が生まれたのは、山梨県の山おくでした。

そこにはかい主のいないたくさんの犬たちがいました。

なんと四百頭以上!!

うっそうと木がおいしげり、日あたりも悪く、あたりはけもののにおいがたちこめています。ウォーンワォーンと犬の遠ぼえが四六時中、聞こえるうす気味悪い場所でした。

空にはするどい目つきをしてエサをさがす黒いカラスが何羽も飛んでいます。


ここは近所の人から「犬すて山」とよばれ、おそれられています。

最初、とてもかわったおじさんが自分の土地で、たくさんの犬をかっていただけの場所でしたが、テレビの取材がきて、たくさんの犬がいると広まったことがきっかけで、たくさんの人が車でやってきました。そして、自分のかっていた犬をすてていったのです。

来る日も来る日も犬がすてられるうちに、どんどん数がふえてきました。

そこで犬の新しい家族ができて、子犬がつぎつぎ生まれ、四百頭以上にまでふえてしまったのです。こうなると、だれにもどうにもできやしません。やがて、おじさんも亡くなってしまいました。

近所の人からも苦情が出るようになりました。

そして、まもなくだれかが通報して、犬の処分に動き出したのです。

まっ白なかわいい子犬のたんじょう

この山でまっ白なかわいい犬が生まれました。

おかあさん犬はカラスのちょっかいも気にせず、子犬の体を熱心になめ

犬すて山の犬たち。
れつあくなかんきょうで生まれる子犬たち

ています。子犬もおかあさん犬にあまえています。

なんとも幸(しあわ)せそうなようすですが、子犬のおとうさんもおかあさんもすて犬で、あすはどうなるかわからないという毎日を送っていました。

生まれてすぐのこの子犬は、まもなく死ぬ運命(うんめい)です。

せっかく生まれたというのに？

そんなに早く、もう死んじゃうの？

そう。

子犬だけではなく、この子犬のおとうさん犬も、おかあさん犬も、友だちも、四百頭(とう)の犬たちも――。

処分(しょぶん)の手はようしゃなく、せまっているのです。

すべての犬に死がせまっていたのです。

救世主があらわれた

この国・日本は犬にきびしい。

かい主のいない犬やすてられた犬は、県や市が運営する「動物あいごセンター」「動物ほごセンター」に運ばれます。でも、そこではすべての犬が新しいかい主に出会うことはありません。

出会えない犬は運ばれた日か、一週間以内にころされます。

なぜ？

すて犬やすてねこが多いため、ゴミをもやすように処分しなければならないのです。これを「殺処分」と言います。日本では年間、犬ねこあわせて五万頭がころされています（平成二十八年度環境省統計資料より）。

犬すて山にいる、子犬も、子犬の親たちもやがてトラックでセンターに運ばれるでしょう。そして、なにもわからないまま、鉄の箱に入れられて、小さなガス室でころされることでしょう。

「犬が死んでいくのをだまって見ているわけにはいかない！」

そう考えた地元の大学生たちが立ち上がりました。

リュックサックに荷物をつめて、犬すて山の中に入りました。

知らない人間が山に入ってきたので、犬たちはきんちょうしました。子犬のおとうさんとおかあさんは、身がまえました。人を追いはらおうと、いっせいにワォーワォーとほえました。ここはいったん高みの見物だと、カラスたちは木の上からようすを見下ろしていました。

白い子犬は、そんな大さわぎのなかでも、いつもとかわらないすんだ目つきで、おかあさんの近くでだれにも見つからないように、しずかにしていました。

まず最初にやってきた大学生は、あたりをそうじして、カラスをおいはらいました。水とエサと毛布をおいてかえりました。犬たちはそれをとり合いました。

やがて、犬すて山に、犬たちの運命をかえる救世主があらわれました。

ひげをはやしたオーストリア人が、やってきたのです。

「これはひどい！」

かれは犬たちのようすを見て、顔をしかめました。

「やれやれ、日本の犬にだけは生まれたくないな」


山の中の生活はこわくてきけんがいっぱいです。犬たちは地元の人たちに大声でおどかされることがしばしばありました。

でも、なぜかオーストリア人がやってくると犬たちはシッポをふりながら近づいていきました。

「かならず助けるから。待ってて」

今まで住むところがなく、雨ざらしだった犬たちに犬舎（けんしゃ）を作ってくれたのも、このオーストリア人でした。

かれは、すぐにいろんな人に「犬をもらってください」とたずねてまわ

廃材（選挙で使われた角材）を手に入れ、
ボランティアで組み立てた犬舎

る活動を始めました。

かい主がいれば、その犬はころされずにすみます。一頭でも多く助けたい、と譲渡会を開いて、犬の里親（犬のめんどうをみてくれる人）を見つけようとしました。

そのかいあって、一頭ずつ、引き取り手が見つかっていきました。

「よかった、命が一つ助かった。よし、もう一頭だけ、かい主をさがそう」

子犬の運命が動いた！

「今夜は雪になりそうだな」

冬のはじめのころ、ザクザクと落ち葉をふんで、山に入りこんだオーストリア人は、まだ生まれて数カ月の白くかがやく子犬を見つけました。

「おお、かわいい。こっちへおいで」

首をひょいとつまんで、ふところにだきました。

子犬はされるがままに人の手にくるまれました。おとうさん犬とおかあさん犬はじっとそれを見ていました。


そのオーストリア人の手は、まるで神様のクレーンのようでした。だって、子犬を「じごく」から持ち上げて、「安全」な箱の中にそっとおろしてくれたのですから。


子犬の運命（うんめい）が動きます。

運命とは、命が運ばれる、と書きます。

自分の力ではどうすることもできず、「自分の命」だというのに、「運ぶのはだれかよその人」。これが、運命。

オーストリア人の手によって、子犬の命が運ばれることになりました。

さあ、犬すて山をぬけ出した子犬は、どこへ行くのでしょうか。

ベベンベンベン

ベベンベン！

命の恩人　マルコ・ブルーノさん

このオーストリア人は、名前をマルコ・ブルーノといいます。

柔道を習いにきたのをきっかけに日本でくらし、作家や作詞作曲家として活動しながら、不幸せな犬たちをすくう活動に力を入れていたのです。

マルコさんは東京にもどり、知り合いのイトウさんに電話をしました。

「子犬がいるんですが、引き取ってもらえないだろうか」

イトウさんは、東京から六〇〇キロほど西にはなれた、兵庫県の伊丹の町で電話を取りました。

「そうですか。お正月ごろに東京へ行く用事があります。そのときに子犬を見せてください」

イトウさんは、ドッグトレーナーのアズイさんをつれて東京に向かいました。自動車にのって、高速道路を九時間飛ばします。

待ち合わせの場所は、日本の国の大事なことを決める国会議事堂の前。

おまけに新しい年が明けたばかりのお正月。子犬の新しい人生を決めるのにはぴったりです。

「この子犬なんですがね」

「白いな――!!」

イトウさんは思わずさけびました。

マルコさんのがっしりとしたうでの中で、クーンクーンと小さくなく白い犬は、まつげまで白く、はなはピンク、三角形の耳は食パンのようにふわふわです。

犬のはくハァハァとした息が、冬のひえた空気の中で白く湯気になっています。

「わかりました。うちであずかって、訓練(くんれん)してみましょう」

イトウさんにまるこをわたした
マルコ・ブルーノさん

イトウさんは子犬を引き取ることにしました。
「それはありがたい。犬の命がひとつ助かった」
マルコさんはほっとした表情（ひょうじょう）になりました。

ふたりはがっちりとあくしゅをしてわかれました。

イトウさんは子犬をケージに入れて、車のうしろにつみこみます。子犬のケージのとなりには、子犬の十ばいほどの大きさの犬が二頭（とう）、おとなしくすわっています。
子犬は知らない犬のとなりで、きんちょうしたようすで小さくまるまっていました。

車はアズイさんの運転で西に向かって走り出しました。

ほごされたときのまるこ。

かわいい！

「子犬の名前なんだけどね、アズイくん」

「なにがいいですかね」

「ぼくは『まるこ』がいいと思うんだ」

「それはいいアイデアですね。マルコさんのところから来た犬だし……」

「女の子だから、まるこちゃん！」

白い子犬に名前がつけられた瞬間でした。


こうして、まるこの命は、また運ばれることになります。

さぁ、国会議事堂前を出発した子犬こと「まるこ」は、どこへ行くのでしょうか。

そして、イトウさんが発した言葉「訓練」とはなんなのでしょうか。

上：まるこのきょうだい。東京の里親にもらわれて、今も元気です
下：マルコさんの家でほかの犬たちと（右から二頭目がまるこ）

西に向かって夜通し走る車のうしろを追いかけるように、ゆっくりと朝日がのぼっていきました。

ベベンベンベン

ベベンベン！

第二章

伊丹（いたみ）のまるこ　～訓練（くんれん）～

飛行機の町で

犬はどこへいった。
犬はどこから来た。

この本の主人公、白い子犬・まるこが第二の人生を送った場所へ、みなさんをおつれしましょう。

イトウさんとアズイさんが運転する車が着いたのは、兵庫県と大阪府の県ざかいの伊丹です。
川ぞいにあるグレーのたてものの前に車をとめると、二頭の大きな犬と一頭の白い子犬・まるこがおろされました。

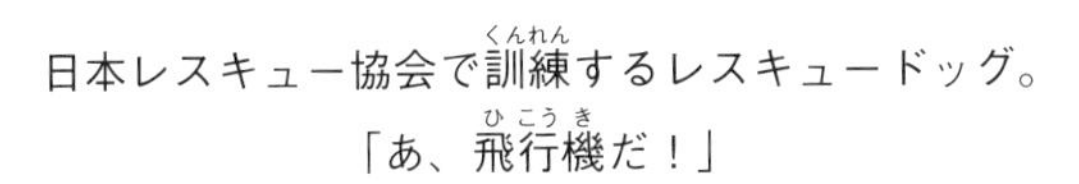

日本レスキュー協会で訓練するレスキュードッグ。
「あ、飛行機だ！」

ぐわぐわぐあぁあぁぁぁぁぁぁ～～ん

上空ですごい音がしました。

まるこはびっくりして首をすくめています。

音のするほうを見上げると、頭の真上を飛行機が飛んでいるではありませんか。飛行機のおなかをこんな近くで見ることはめったにありません。

伊丹空港を発着する飛行機です。


グゥーンと走った鉄のかたまりが、向かい風をつばさいっぱいに受けて大空へ飛び立っていく、その滑走路のちょうど先っちょあたりに、このたてものはあります。

かんばんには「日本レスキュー協会」と書いてあります。

まるこは、黒いカラスが飛んでいる犬すて山から、銀色の飛行機が飛ぶ町にある、日本レスキュー協会に運ばれたのです。

この協会がなにをしているところかというと、レスキュードッグとセラピードッグを育成・はけんしているＮＰＯ法人なのです。

ＮＰＯという言葉は、はじめて聞いたかもしれませんね。説明しましょう。

ノンプロフィット・オーガニゼイション（Non Profit Organization）という英語の略で、意味は「金もうけを目的としない組織」。社会こうけん活動やじぜん活動を行う市民団体のことです。

ＮＰＯ法人・日本レスキュー協会では、二十三ある犬舎で犬がくらし、レスキュードッグやセラピードッグになるための訓練を受けています。

レスキュードッグとは、「災害救助犬」のこと。

災害が起きて、多くの人ががれきの下にうまってしまったときに、隊員たちとともに現場にかけつけ、人のにおいをかぎわけ、「ここに人がいるぞ、ワンワンワン！」と見つける役目をします。

阪神・淡路大震災（一九九五年）、東日本大震災（二〇一一年）、熊本地震（二〇一六年）などのときも出動して、活躍しました。

レスキューをめざす犬たちは、みんな体が大きくて、強そうで、そして、かしこそうです。まることといっしょに車に乗っていた大型犬は、レスキュードッグだったのです。

セラピードッグって、なに？

日本レスキュー協会には、レスキュードッグのほかに体が小さくて、ぽやぽやっとした感じのやさしい表情をした犬たちがいました。

あれ？
この犬たちにレスキューができるのかな？

それはセラピードッグになるための訓練中の犬たちでした。
セラピードッグというのは、こわばった人の心をやさしくほぐすために活動する犬です。

災害が起きると、まず被災地にはレスキュードッグがはけんされて、人命救助が行われます。

それが終わってしばらくすると、こんどはセラピードッグの出番です。心身ともにつかれはてた人々の心をいやす活動をするのです。

実際に、大災害があって、家がなくなったり、知り合いがなくなったりして、とほうにくれている人たちがセラピードッグとせっすることで、きもちがすこし明るくなり、こわばっていた顔にえみをうかべた、というようなことがあるのです。それが元気を取りもどすきっかけとなるのです。

犬にはかわいがられるための犬のほかに、このように人のためにはたらく犬もいるのです。

イトウさんは、この協会の理事長でした。

ここでは身よりのない犬や殺処分直前だった犬にセラピードッグになる訓練を受けさせています。そして、訓練を終えた犬たちを社会福祉施設などへはけんする事業をすすめているのです。

一九九五年から始まった活動で、三百頭以上の犬をほごし、セラピードッグをめざす訓練をしてきました。でも、セラピードッグになれたのは、たったの三十頭ほどです。

せまき門なのです。

セラピードッグはどんな犬がむいているのでしょうか？

その素質とはなんでしょうか？

ドッグトレーナーのアズイさんは言います。

「まず、人が大好き、ということが大事です。だけど、ひとりのご主人様の言うことをきく、という犬の習性とはちがい、どんな人でも好きということが重要です。そして、ほえない、かまない、うならない、という三つのことも大事です」

ちなみに、しば犬や秋田犬などの日本の犬種は、気が強く、ひとりのご主人様だけに忠実で、ほかの人を好きにならない犬が多いので、外国から来たレトリバーやプードルなどの犬種のほうがセラピードッグに向いていると言われています。

「うちに来る犬たちは、引き取り手がなくて、もうすこしで殺処分になりそうだった犬が多いです。

二〇〇五年一月七日、
日本レスキュー協会にきた日のまるこ

かい主からすてられた犬のとくちょうは、ほえグセがあって、かみグセもある。そして病気がちです。おまけに人間にぶたれたり、けられたりしたこともあって、人間をこわがっています」

まるこが伊丹へきた最初の日。

人にかわいがられたり、人とくらしたりしたことがないまるこは、きんちょうのあまり、まる一日、おしっこもうんちもしないし、ケージから一歩も外に出てきませんでした。

翌朝、のぞきこんでみると、うんちまみれになっていて、もうしわけなさそうにシッポをふっています。でも、表情はやわらぎ、すこしここになれたように見えました。

まるこ、伊丹(いたみ)へようこそ。
新しいおうちへようこそ。
よくきたね。

ほかの犬たちが、まるこの様子をうかがっていました。
どんな子が来たのかな。

ベベンベン
ベベンベンベン
ベベンベン

まるこはセラピードッグになれるのでしょうか。

もう人はこわくないよ

つぎの日から、まるこの訓練が始まりました。

アズイさんとトレーナーたちが、まるこの訓練プログラムを考えました。

まず、まるこの悲しい思い出をすこしずつ、取りのぞいてあげることから始めることにしました。

「ここはこわくない」
「人はこわくない」

そう感じさせてあげるには、とにかく人になれさせなければなりません。

そのために、まるこをたくさんの人が出入りしている部屋で長い時間、すごさせることにしました。

いろんな人、知らない人にさわられても声をかけられても、平気であることがセラピードッグの仕事をこなすには大事です。なので、じっくりと時間をかけて、こわさを取りのぞいていきます。

まるこは部屋のすみで、黒いひとみをキョロキョロとさせて、小さくなってまるまっていました。

「まるこ、おはよう!」

「よくねたか？　まるこ」

部屋を出入りする人が、まるこに声をかけます。

頭をなでられたり、だっこされたり、みんなが思い思いにかまっていきます。

まるこは、こんなにたくさんの人がいるところですごすのははじめて。はじめ面食らったように、人の顔をただ見上げてみたり、そばによってきて、人のにおいをクンクンとかいだりしていました。

「まるこ、おいで」

「おやつだよ、まるこ」

みんなから頭をなでられたり、だっこされたりするうちに、「なんだ、人はこわくないんだ」とわかるようになってきました。


しばらくしてこの場所になれてくると、いっしょに訓練を受けるガクト、タッキー、タクトという名前のせんぱい犬たちと、しばふの上を思いっきりかけまわるようになりました。

おいかけっこをして、じゃれるまるこ。

楽しそうです。

まるこが生き生きとしてきたことに、スタッフたちはホッとしました。

スタッフの愛情をもらって

一度でもこわい思いを経験した犬が、人と信頼関係をきずくのは、そうかんたんなことではありません。

人間をこわがる犬に、人をいやすことができるのでしょうか。

まるこは上から、人の手がのびてくると身をすくめてこわがります。

「まるこはたたかれた経験があるのかな」

トレーナーたちは心配しました。

まるこはほかの犬たちとくらべると、おっとりとした性格でした。まわりでなにが起こっているのか、ひとこきゅうおいて、よくかんさつしてから行動するクセがあります。

だからこそ、アズイさんたちはまるこのペースにあわせて、いろいろなことをていねいにやさしく教えていきました。

「まるこ、人からひどいことされたと思うけど、やさしい人だっているんだよ」

トレーナー全員が、そのことをまるこにわかってほしいと思い、毎日、やさしい言葉をかけ、うんとうんとかわいがりました。

ごはんだって時間がくれば、しんせんな水とエサがもらえます。犬すて山とちがって、あらそって食べる必要はありません。

スタッフにかわいがってもらう毎日。
まるこにえがおが！

「だいじょうぶ、ここではちゃんともらえる」

と、まるこはおぼえました。


こうやって、まるこはすこしずつ、新しい世界になれていきました。


あなたはどう思いますか。

一度いやなことがあったら、すべてがいやになってしまいますか？

それとも、一度はいやなことがあったけれども、世界は広いから、ほかにはいいことがたくさんあると思いますか？


この二つのちがいはとてもだいじです。

どう思うかで、人生がかわってしまうからです。

まるこはどっちでしょう。

どうやら後者のようです。

だって、ガクトやタッキーがなでられたり、おやつをもらったりするのを見ながら、まるこは同じように、人とふれあえるようになっていったのですから。

「そうなのか、あんまり心配しなくても、へっちゃらなのかもしれないな」

まるこはそう思ったのでしょう。

十頭のうちの一頭に

ところで、まるこにはセラピードッグの素質があったのでしょうか。

まるこのよいところは、ここにきたときから「ほえない、かまない、うならない」ができたことでした。

あわてずさわがず、じっとすることもできます。

きっとオーストリア人のマルコさんはそれを見ぬいていて、「セラピードッグに」と日本レスキュー協会に引き取ってもらったのでしょう。

トレーナーのアズイさんは、こう言います。

「なによりも、まるこはきれいな犬でした。まるこのセラピードッグとしてのいちばんの素質は、どんな人にも好かれる白い色だと思っています。これはセラピードッグにとっては長所なんです。白い犬は何頭も見てきましたけれど、こんなに白い色がきれいな犬はなかなかいません」

そう言われると、白くかがやくまるこがいると、まわりがパッと明るくなる気がします。

そして、すこし神々しい感じもします。


ここには、日本全国からやってきたセラピードッグこうほの犬がたくさんいます。でも、セラピードッグになれる犬は十頭のうち、たったの一頭です。


じゃあ、セラピードッグになれない犬はどうなるの⁉

ちょっと心配になりますね。

ご安心ください。

「セラピードッグになれない、とわかった犬は、新しいかい主を見つけて、そこでかわいがってもらうことになります。みんな幸せになっていますよ」

アズイさんはえがおで話してくれました。

こうして訓練の日々がすぎていき、二カ月がたちました。

まるこ、初出動

三月の寒い日。

さくらのかたいつぼみが、なんとかふくらもうとがんばるころ。

その日は朝からいい天気でした。

でも、風がつめたく、はく息は白く、手がかじかみます。

「おはよう、まるこ、ガクト。きょうはよろしくね」

イトウさんが二頭の犬にあいさつしました。

きょうは、まるこがセラピードッグとして、「おためしほうもん」する日です。

これからセラピードッグとして、やっていけるかをためすのです。

うまくいくでしょうか。

行き先は兵庫県の北のほうの特別ようご老人ホーム。

日帰りのお出かけです。

はじめて出会うお年よりのみなさんといっしょにすごし、夜にはまた伊丹のセンターに帰ってくる計画です。

同行者は、せんぱいのガクト。

ガクトは、これまで何度か、施設へいって、みんなとふれあって帰ってくるという仕事をうまくやっているセラピードッグの訓練生です。

「日本レスキュー協会の施設の中では、ほかの人や犬となかよくやれるようになったまるこだけど、知らない場所で、しかもはじめて会う人となかよくやっていけるだろうか」

イトウさんはちょっと心配していました。

まるこは車に乗せられて、ドキドキがとまりません。ケージの中をくるくるとまわっています。めずらしく落ち着きがありません。

そのとき、まるこはどんなきもちだったでしょうか。

だれにもわかりません。

犬の〝ほんとうのきもち〟は……だれかわかる人、いますか？

「うまくいきますように」

イトウさんはミラーにつるしたおまもりにいのってから、ブルルンとエンジンをかけました。

約三時間のドライブ。

車は北へ向かって走ります。

兵庫県はちょうどだるまさんみたいな形をしていて、伊丹は右の下のあたり。いま、向かっているのは、だるまさんのおでこのあたりです。

車は山の中へどんどん、のぼっていきます。

道路の両側は三月だというのに、まだ雪がのこっています。

ブルーグレーのくらくて重い空が、日本海側に近づいていることを教えてくれます。

車はすべらないように、しんちょうに進んでいきました。

やがて、温泉旅館かとみまごう、りっぱなたてものが見えてきました。

「さあ、まるこ、ついたよ」

イトウさんがまるこを車からおろします。

先におりたガクトは、どうどうとしたたいどで、げんかんから入っていきます。

あたかも「こんにちは！」と大きな声で言っているかのように、むねをはって、シッポをピンと立てて左右にふり、好奇心でキラキラとかがやいたひとみであたりを見回しました。


一方のまるこは……。

二〇〇五年三月十五日、
はじめてたじま荘(そう)にやってきたまるこ

「あれれ、まるこ、どうしたの？」

イトウさんにリードを引かれても、しりごみしています。シッポはまるくオシリの下にかくれ、すきあらばにげだしそうです。

白いまつ毛が目にかかって、黒目がかくれてしまっています。

「ほら、まるこ、だいじょうぶ。行くよ！」

イトウさんがやさしく声をかけている間に、ガクトはすでに大かんげいをうけていました。

まず、お年よりが住む部屋をまわることになりました。

ガクトのうしろをこまったような顔で、トコトコとついていくまるこ。

「これから、どうするの？」

その顔は、まるでそう言ってるような不安そうな表情でした。

お年よりたちが住むホーム

老人ホームって、知っていますか？

お年よりが家族とはなれて、安心してくらせる場所で、スタッフに世話をしてもらいながら住む施設のことです。

そのひとつ、特別ようご老人ホームというのは、ひとりで歩けない、ひとりでトイレに行けないなど、だれかほかの人の手助けがひつようなお年よりたちが住む老人ホームです。

ともあれ、しずかでゆったりとした時間がながれている場所なのです。

その日、まるこは、知らない人にだかれました。

「犬をだっこしたい」というおばあさんがいたのです。

ギュッと力が入ったとき、まるこはちょっとおどろいたようで、前足をぼうのようにつっぱって、にげようとしました。

イトウさんははっと息をのみました。

「がんばれ、まるこ！」

その思いがつうじたのか、まるこはしばらくするとじっとして、やさしくなでられていました。

伊丹（いたみ）でやった訓練（くんれん）のことを、ふと思い出したのかもしれません。

（こわがらなくても、へっちゃらだぞ）

イトウさんはむねをなでおろしました。

ガクトといっしょに
お年よりにだかれて

おばあさんは、生きものの命の重さやあたたかさに目を細めています。

「犬をだくなんて、何十年ぶりのことかしら」

とてもうれしそうです。


そして、なつかしそうに、こう言いました。

「うちにも、こんな白い犬がいたんですよ」

おばあさんのほおはちょっと赤みをおびて、みるみるうちにえがおになっていきました。

おじいさんがわらった

まるこを見て、とつぜん、歌い出したおじいさんがいました。

まるこのすがたを見たことと、「犬が来たぞ」とみんなでワイワイとよろこんでいることが、なにかを思い出すきっかけになったようです。

思い出の歌を口ずさんで、ごきげんです。


「まるこちゃん、こっちへおいで」

「まるちゃん、いい子ね」

お年よりの手があちこちからのびてきて、さわろうとしても、まるこはおびえなかったし、いろんな声があちこちからしても、もう平気でした。


気がつくと、まるこは、みんなの輪のまん中にいました。


「きれいな犬ですね。見てるだけで、いいきもちになるわ」

「この犬のやさしい目で見つめられると、なんだかうれしくなってくるの」

みんな、まるこがかわいくてしかたがないようです。

まるこがいちばん近くにいたおばあさんの手をペロペロとなめたときには、ワーッとかんせいがわきました。

まるこはキョトンとしています。

そして、またおばあさんの手をなめました。

また、みんなワーッとよろこびます。

あっという間に時間がすぎました。

帰る時間です。

「ガクト、ありがとう。また、きてね！」

「まるこもきてね。ありがとう」

「まってるよ！」

たじま荘の職員たちがなごりおしそうに「また、来てね」と言ってくれます。

その声はまるこに聞こえたでしょうか。

ガクトが、そして、まるこが車に乗りこみました。

大成功

イトウさんは、この日のまるこのようすを見て安心しました。

「これなら、やっていけるぞ、まるこ」

まるこがたじま荘でセラピードッグとしてやっていけるという確信をえました。


この犬はだいじょうぶだ。

お年よりといっしょにくらしていける。

そうとなれば、たじま荘へ引き取られる手つづきを早く進めようと、イトウさんは考えました。

つかれたのでしょう。まることガクトは帰りの車の中で、グースカピースカ、ねむってます。

犬はどこへいった。
犬はどこから来た。

山梨の山おくでうまれてすぐに命を落としそうになっていた犬は、どうやら終の住処を見つけた……のでしょうか？
まるこの運命や、いかに？

ベベンベン

第二章
まるこ、運命の場所へ行く

まるこが帰っていったあとで

ベベンベン
ベベンベンベン
ベベンベン

犬はどこから来た。
犬はどこへいった。

犬ってものは、たいがい、どこからか来て、どこかへ行ってしまう。
ベベンベン。

犬ってものは、言葉の通じない旅人のようなものだ。

ガクトとまるこを見送った特別ようご老人ホームの職員たちは、車が見えなくなると、口々にきょうの感想を言いあいました。

「とてもよかった」

「犬が来て、もりあがったね」

「あんなにお年よりがよろこぶとは思わなかった！」

「いつもしかめっ面のあのおじいさんが、わらっているところなんてはじめて見た！」

「ねー!! わたしたちがなにをやってもわらわないのに、犬にはあんなえがおを見せるんだね!!」

「すごいね、犬のパワー」

「みなさん、どう思ったかね。犬をかうのにはさんせいかね？」
タムラ所長がみんなにたずねました。
きょうの「おためしほうもん」がうまくいったのでごきげんです。

タムラ所長は、たじま荘でセラピードッグをかってみようかと最初に考えた人でした。数カ月前のことです。

タムラ所長の耳に、セラピードッグをかっている老人ホームがあって、みんながよろこんでいるという声が聞こえてきました。

ここで生活しているのは、七十歳から百歳ぐらいまでのお年より百十名。老人ホームでの生活を、より楽しく、より明るくするために、新しいことをやってみようと考えていたとき、犬をかうのはよいアイデアに思えました。

いろいろと調べてみると、伊丹の日本レスキュー協会が協力してくれそうです。

行ってみよう、とタムラ所長は車を走らせました。

「犬を一頭、ゆずってください」

相談したとき、日本レスキュー協会のイトウさんから、こうはっきり言われました。

「ふつうに犬をかうのとはわけがちがいます」

イトウさんはつづけます。

「犬には、そこが終(つい)の住処(すみか)になることをやくそくしてください。つまり、ホームでくらして、人をいやす仕事をして、年を取っていき、そして、最後(さいご)はそこで死ぬのです。そこまで犬のめんどうをちゃんとみることをやくそくできる方にだけ、訓練(くんれん)された犬をゆずります」

「うむむ」

タムラ所長はうなりました。

「わかりました。きょう『ください』とおねがいして、『いいですよ』と、ゆずっていただけるわけじゃないんですね」

イトウさんはこうつけくわえました。

「そのとおりです。犬のお医者(いしゃ)さんはだれにするのか、きちんと決めてく

ほかの老人ホームを
ほうもんしたときのまるこ

ださい。こちらで決めたエサをあげることをやくそくしてください。ここの犬たちはみんな、家がなくて、かい主がいなくて、ころされそうな運命だったのです。そんなことが二度とあってはいけないのですから」


「一度帰って、たじま荘のみんなで相談します」

タムラ所長はまた車を運転して、長い道のりを帰っていきました。

ハンドルをにぎりながら、何度も言われたことを思い出していました。

「あなたは本当にかい主になれますか？」

「最後までちゃんとめんどうがみられますか？」

命を大切にするホームとして

タムラ所長はたじま荘に着くと、すぐに右うでの職員、イワタさんに相談しました。

「イワタくん、どう考えるかね。この犬の一生を守れるか、と言われても、十年後、われわれはたじま荘にいないかもしれないしなあ」

「それは……そうですね」

犬が、ずーっとたじま荘でくらすことになっていても、職員は入れかわりたちかわり、かわっていきます。

犬はどこから来た。

犬はどこへいった。

と、何度も言ってきましたが、

人はどこから来た。

人はどこへいった。


こういうことだって、あります。

たじま荘は、兵庫県の関連団体が運営する施設なので、職員はひんぱんに異動（職場がかわること）があるのです。

タムラ所長もイワタさんも、ずっとたじま荘ではたらいている保証はありません。

お年よりたちと犬が、ずっとたじま荘でくらしていたとしても、職員のほうが、先にここからいなくなってしまいます。

イワタさんはこう言いました。

「所長、十年先のことを考えてもしかたがないんとちゃいますか。そこでつまずいたら、なにも新しいことができません。ぼくらが犬をむかえ入れて、うんとかわいがって下地を作って、十年後にここではたらく人に、犬の命を大事にするよう、バトンタッチしていくしかないですやん」

「たしかにイワタくんの言うとおりだな」

「それに『ひとつの命を最期の最期までむだにしない。しっかりと見とどけよう』というのは、こういう老人ホームにはぴったりの考え方じゃないですか。そやから、そのときに生きている人が、最期までめんどうをみたらいいんです。人だって、犬だって、生きる命を大事にする、というのは、この老人ホームの考え方そのものじゃないですか」

「そうだな。わが家のない犬を引き取るのは、ここの考え方にあっている！」

「大事なことは、〝命のすくわれ方〟です！」

「よし！」

所長は心を決めました。

犬のえさ代はだれが出す？

「ところでイワタくん。もうひとつ相談があるんだ」

所長は言い出しにくそうに、イワタさんに言いました。

「なんでしょう」

「犬のごはん代は、だれが出す？」

「ひぇ？」

「考えてなかったのか？」

「ええ、まあ。どうしましょう」

たじま荘は税金で運営している施設です。犬の食事代は予算に入ってません。

「うーむ。公費から出すのはよくないのかな？」

「〝いやし〟の仕事をするわけですから、いいんじゃないですか？」

この、ごはん代金問題、どんな決着がついたかといいますと、よい考えがうかんだのです。

ここに住むお年よりが、アルバイトでやっている「ポリちぎり」という手仕事があります。

おすしのそばについている、魚の形の小さなしょうゆ入れを見たことがありませんか？　あの完成形の前のすがたは、プレス工場では、魚が百個くらいつながった板のようになっているのです。それを手でちぎって、一ぴき一ぴきバラバラにしていく仕事が「ポリちぎり」。ポリエステル製の型ぬきをちぎるから、その名がつきました。

　おこづかい程度とはいえ、工場からお金がもらえるのです。

「お年よりたちが手仕事してもらったお金を、犬のごはん代にあてよう！これはよい考えだ」

　タムラ所長はひざを打ちました。

　そうして、タムラ所長とイワタさんはもう一度、伊丹まで車を飛ばして、イトウさんに会いに行きました。

「ぜひ犬に来てもらいたいと思います。たじま荘に、犬を」

と、イトウさんに伝えたのです。

イトウさんは言いました。

「わすれないでください。犬は、みんなを愛したい、そして、みんなから愛されたいと思う生きものなのです。たじま荘がそれがかなう場所でありつづけてください」

そうなんです。愛情を与えること、愛情を受けること。この両方がなかったら人間だって、なんのために生きているかわからなくなるかもしれません。野犬のように、すねてしまいます。

犬も人も愛し愛されることは、生きててよかった！　と思えるうれしさなのです！

ガクトじゃなかった！

おためしほうもんから数日後――。

たくさんの人がつどうたじま荘(そう)には、犬がきらいな人や犬アレルギーの人もいましたが、めいわくがかからないというやくそくをし、犬を引き取る準備(じゅんび)が始まっていました。

その日は、たじま荘にくる犬が決まる日でした。

「ええええ――っ、ガクトじゃないんですか？　まるこ？　あの白い犬のほうですか。は――ぁ、それは意外ですな～」

電話(でんわ)口でタムラ所長がさけんでいます。

左手で受話器をにぎり、右手はハンカチをにぎり、ひたいのあせをふいています。

職員室のみんなに聞こえるような大きな声で話しています。


「二頭のうち、あのおとなしいほうがくるんかいなっ!!! 元気で、どうどうとしたほうがくると思っていたなあ」

電話を切ったタムラ所長が言いました。


たじま荘が「この犬がほしい」とリクエストしたわけではありません。

犬の選定は、日本レスキュー協会でしんちょうに決められました。

「おどろいたな、イワタくん。まるこやって」

所長はこうふんさめやりません。

イワタさんは自分の考えを言いました。

「子どもがたくさんおるところは活動的な犬がよくて、お年よりが多いところは静かな犬がいいということやないですかね」

「なるほどなあ。そういうことですか」

とタムラ所長はようやくなっとくしました。

でも、あの「おためしほうもん」のようすを見ていた職員のほとんどは、まるこではなくて、ガクトが来るものだと思っていたのです。

それくらい、まるこはちっとも目立っていなかった!

ガクトか、まるこか、運命の分かれ道。

まるこはえらばれなかったら、今ごろ、どこでどうしていたことでしょうか。

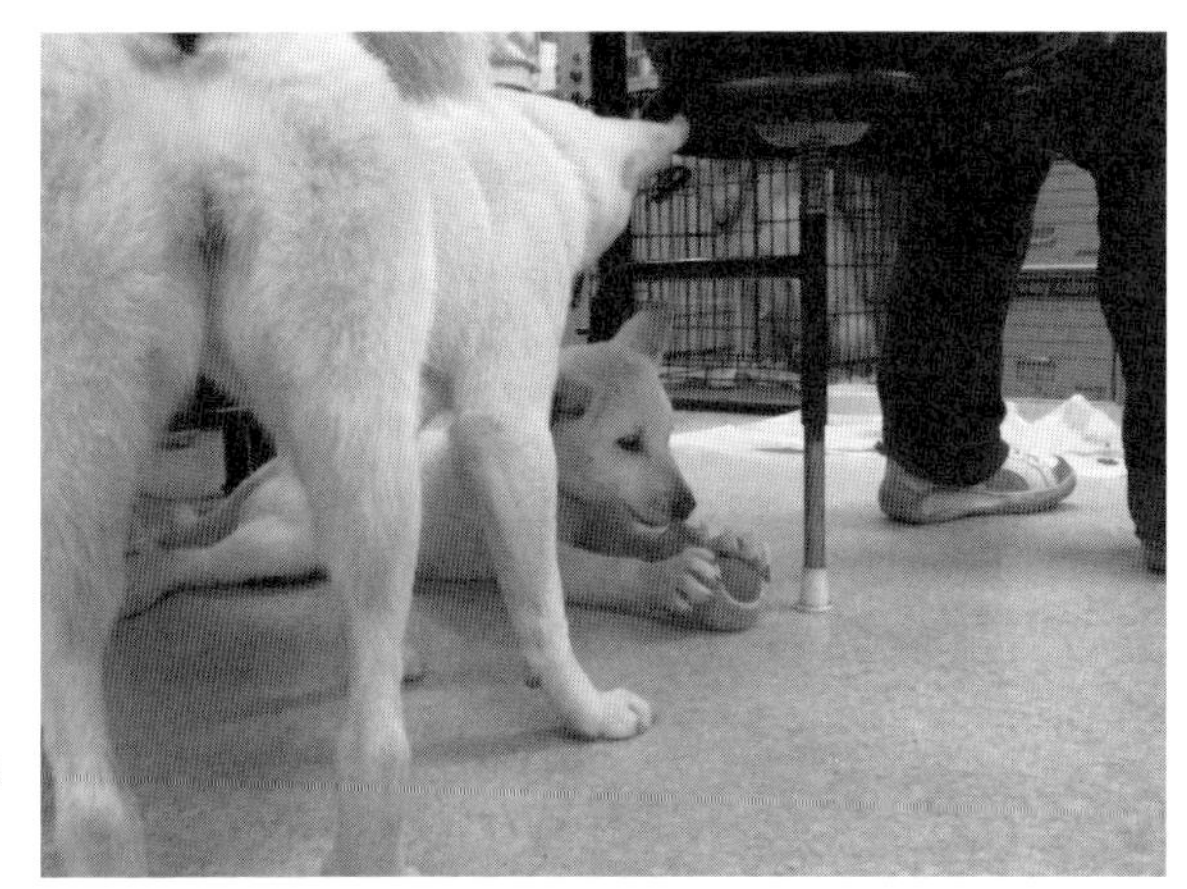

二〇〇五年五月。
もうすぐ、たじま荘(そう)へ
もらわれていくころのまるこ

こうして、まるこの命は、またつぎの場所に運ばれることになりました。

電話の横でドキドキする気持ちをおさえきれないひとりの女性がいました。

栄養士のオオヤマさんです。

「へええええ！　犬が来るんや。決まったんやな。ほんまに来るんや。だいじょうぶかな」

オオヤマさんは職業がら、すこし心配していました。

「しせつの中を走り回ったらどないしょう」

「きたない犬で、毛がたくさんぬけたらいややな」

「ワンワンほえたらどうする？」

そんなことを考えていると、「おーい、イワタくん、犬小屋はどこにおくんや？　かいだんの下でええか？」

タムラ所長のはりきった声が、たじま荘のロビーにひびきました。

もうすぐ、犬が来るのです。

まるこの新しい運命のスタート

一方、伊丹の大空港の近く、日本レスキュー協会では、まるこの準備が着々と進んでいました。

まるこはおふろに入れられて、体中をあらわれました。まるこはおふろが苦手で、ぬれたままイヤイヤをして、にげまわったために、そこらじゅうが水びたしになってしまいました。

れつあくな犬すて山に生まれたまるこのおうちが決まりました。

「よかったなあ、まるこ」

イトウさんはまるこの寝顔（ねがお）を見ながら、かみしめるように言いました。

マルコ・ブルーノさんからちっちゃくて白いまるこをわたされた日が、ついきのうのことのように思い出されました。

「なにも心配（しんぱい）しないで、元気にくらすんだぞ」

イトウさんは、ほっと息をもらしました。

まるこはなにも知らずにすやすやとねむっています。

いよいよ、旅立ちの日がせまってきました。

第四章
たじま荘のまるこ　〜はたらく〜

まるこの到着

ベベンベン、ベベンベン
ベベンベンベン、ベベンベン

犬はどこへいった。
犬はどこから来た。

二〇〇五年六月七日、まるこが正式にたじま荘にやってきました。

オオヤマさんは、車が着くのを今か今かと待っていました。ロビーの階段の下に小さなピンク色のじゅうたんがしかれ、ネイビーブルーのケージが用意されています。

オオヤマさんは、エサ係に立候補しました。

車からおりてきたのは、びっくりするくらい白い犬でした。まるで、ペンキで全身をぬったみたいにまっ白に見えました。

「あれま、こんなに白かったっけ？」

と、オオヤマさんは思いました。

「きれいな犬だね～」

「ようこそ、まるこ、よろしくね！」

「いらっしゃい、まるこ」

「きょうから、ここがまるこのおうちだよ」

みんな大よろこびで、まるこをむかえました。

それなのに、まるこは、びくびくと、ぷるぷるとふるえていました。

「この子、やっていけるのかな」

それを見たオオヤマさんは、ちょっと心配になりました。

やがて、まるこはなにかをたしかめるように、げんかんや階段やいすのにおいをスンスンとかぎ始めました。そのようすを、みながかたずをのんで見守っていました。

するとなぜだか、まるこがオオヤマさんに近づいてきました。オオヤマさんが指先をのばすと、「フンン！」とまるこがオオヤマさんの手のにおいをかいで、ペロッとなめました。

そして、ちらりとまわりを見まわして、なにごともなかったかのように、トコトコと新しいケージに入っていきました。

オオヤマさんはポカーンとしています。

「かわいい……。まるこ、よろしくね」

まるこをだきしめたいきもちになりましたが、いつでもできるから、あしたにしようと心に決めました。

「ともかく、ぶじに犬が来ました。これからたじま荘は、犬がいる老人ホームとしてやっていきます」

タムラ所長が、むねをはって言いました。

そうそう、たじま荘の「たじま」は漢字では「但馬」と書いて「たじま」

と読みます。

有名なのは、但馬牛です。これは神戸牛ともよばれていて、「世界で一番おいしい牛肉」とも言われています。

豊かな自然にめぐまれた地域で、近くには温泉がたくさんあります。「弁当わすれても、カサわすれるな」と言われるくらい、冬は雪が多い土地です。


エベレスト日本人初登頂や、世界で初めて犬ぞり単独行で北極点到達を記録した有名な冒険家、故・植村直己さんもここの生まれです。

そして、日本でゆいいつ、コウノトリの飼育に成功している町でもあります。

カラスが飛ぶ山梨の森で生まれ、

飛行機の飛ぶ伊丹の町で育ち、
コウノトリが飛ぶ但馬の里でくらすことになったまるこでした。

セラピーされているのはだれだ？

まるこはたじま荘の生活に、なかなかなれませんでした。

オオヤマさんはエサをあげながら、まるこに話しかけていました。

「なにをこわがってるの？　なーにもこわいこと、ないよ」

ちょっとオオヤマさんをこわがっているようです。すぐに白いまつ毛で黒目がふさがったみたいな顔をします。首をすくめて上目使いになります。

でも、オオヤマさんはぎゃくに、このこわがるしぐさがかわいいなあと思いました。

「セラピードッグやいうから、こっちがいやされてラクチンになると思っていたけれど、かえって心配のたねがふえたみたいやわ。あんたは無口な転校生みたいなもんやな」

オオヤマさんがまるこに話しかけていると、となりでイワタさんがつづけました。

「たしかにセラピードッグらしからぬ犬やな。人間と犬と、どっちがセラピーしとるのか、わからへんくらいや」

「ほんまやね」

イワタさんがまるこをなでながら、さらに言います。

「みんなが集まると、つくえの下にかくれて出てこない。愛想がないし、むりに芸もしない。ひっこみじあん。でも、それでええねん」

「なんでですか?」

２歳のまるこ。おひるね中

オオヤマさんは聞きました。

「そんな弱いところがまるこちゃんのいいところかもしれんね。まわりのみんなが『やさしくしてあげないと』と思って、やさしいきもちを思い出すやろ」

たしかにそうかもしれない、とオオヤマさんは思いました。

「まるこが来てから、たじま荘にはえがおがふえたし！」

「そうそう、みんなわらってるよ。犬ってすごいね」

まるこがたじま荘にきてから、しばらくは日本レスキュー協会のドッグトレーナーがひんぱんに来ていました。まるこがちゃんとやれているのか、なにか問題はないか、定期的に確認していたのです。

これから、お年よりをほうもん

オオヤマさんはこの日がきらいでした。

なぜなら、ドッグトレーナーのすがたがげんかんに見えると、まるこがすごくうれしそうにシッポをふるからです。

「しっとする！　まるこ、なんでなん。わたしらとくらしているのに、あっちがええの？」

心中、おだやかではありません。

オオヤマさんは、一日一日がすぎるうちに、自分でもびっくりするくらいに、まるこのことがどんどん好きになっていたのでした。

お部屋（へや）ほうもんの仕事

まるこはすこしずつなれてきて、びくびくもぷるぷるもしなくなっていきました。

たじま荘（そう）の老人（ろうじん）たちの部屋をほうもんするのが、まるこの仕事になりました。

館内（かんない）に十一個（こ）ある「郷（さと）」とよばれるリビングルームで車いすにのったお年よりがまるこが来るのをまっています。

まるこはたじま荘のろうかをトコトコと歩いて、ぬくもりを配達（はいたつ）するのです。

お年よりがひざの上においた手の中におやつをもっていると、おやつに気づいたまるこがひょいと前あしをあげて、お年よりのひざの上にのせます。お年よりは犬の重みを感じて、おどろいていますが、うれしそうです。まるこははなをクンクンさせながら、お年よりの手の中に口をつっこんで、おやつを食べます。

「あら～、うれしいわ！」

お年よりは大よろこび。

まるこもおやつをもらってごきげん。

これだけのことですが、「ああ、きょうは楽しかった。あしたも楽しく生きよう」という思いにつながっていくのです。

「つぎにまた、まるちゃんが来てくれるときを楽しみにやっていこう」と、お年よりたちが口々（くちぐち）に言いました。

まるこにおやつをあげたくて、
お年よりが近づいてきます

オオヤマさんは、お年よりがよろこぶ場面を何度も見ました。
おこりんぼうで、きかんぼう。そんな名物おじいさんがわらうところをはじめて見たのも、まることとせっしているときでした。

「あのおじいさんがわらうなんて、きせきがおこった!」

と、オオヤマさんは思いました。

犬はこわばった人の心を、やわらかくとかすことができるのです。

お年よりは年を重ねるうちに、すこしずつ体の自由がきかなくなっていきます。

まだ体が自由に動いたころ、まるこによくおやつをあげていたおばあさ

さんぽするまるこ。
スタッフも楽しみな時間です

んがいました。

ねたきりになった今は、ロビーにいるまるこになかなか会いに行けなくなりましたが、まるこが部屋に来てくれたときは大よろこび。いっしょに写真をとったり、おやつをあげたりしてうれしそうです。


まるこがいることが、生活の大きなはりあいになっていたのです。


「わたしはねえ、まるこがさんぽにでかけるところを、毎日、まどからながめるのが楽しみなんよ。出かけて行くときと帰ってくるとき、かならず、まどから見よるんですよ」

そのおばあさんは、あまりまることとはふれあうことはありません。

でも、まるこをまどからながめることが、一日の大きな楽しみであり、時計がわりであり、毎日の生活の生きがいなのでした。

かつて、人の手によってころされそうになった犬が、
人生の終わりのほうの時間を生きる人たちのささえになっている。

このふしぎな関係。

それが、まるこの運命であり、まるこのドラマなのでした。

おひなさまの前で。
まるこも女の子ですから

第五章

「カフェ」のまるこ

～看板娘は大いそがし～

木曜日がわかる犬

まるこがたじま荘に来て六年目のことです。

タムラ所長も、イワタさんも、オオヤマさんもべつの施設に異動になってもういません。

まるこが来たころのことを知っている職員は、ほとんどいなくなってしまいました。

この老人ホームにすんでいるお年よりも、多くが入れかわっていきました。

いろいろな話が、すべてセピア色のむかし話になっていくのです。

それでも、まっ白なまるこだけがかわらず、いつもそこにいるのです。

新しい所長がアイデアを出しました。

「ご近所の人にたじま荘に来てもらえるように、だれもがコーヒーを飲みに来られる日を作ろうと思うんだが」

「それはいいですね」

みんなさんせいです。

すると、こんな質問が出てきました。

「店長はだれにしますか？」

所長はこう言いました。

「まるこにおねがいするのはどうだろう？」

「いいですね。まるこが店長なら、みんなよろこんでやってきますよ！」

みんな大さんせいでした。

こうして「まるこカフェ」という名前で、毎週木曜日にカフェをオープンすることになりました。

まるこのケージのそばにあるロビーに、イスとテーブルを出しました。メニューはいれたてのコーヒーとジュースのふたつだけ（小さなクッキー付）。

はい、これで百円です！

お年よりたちは、好きな時間にまるこに会いに自分の部屋（へや）から、このカフェにやってくるようになりました。ときにはろうかに車いすじゅうたいが起きるほどです。

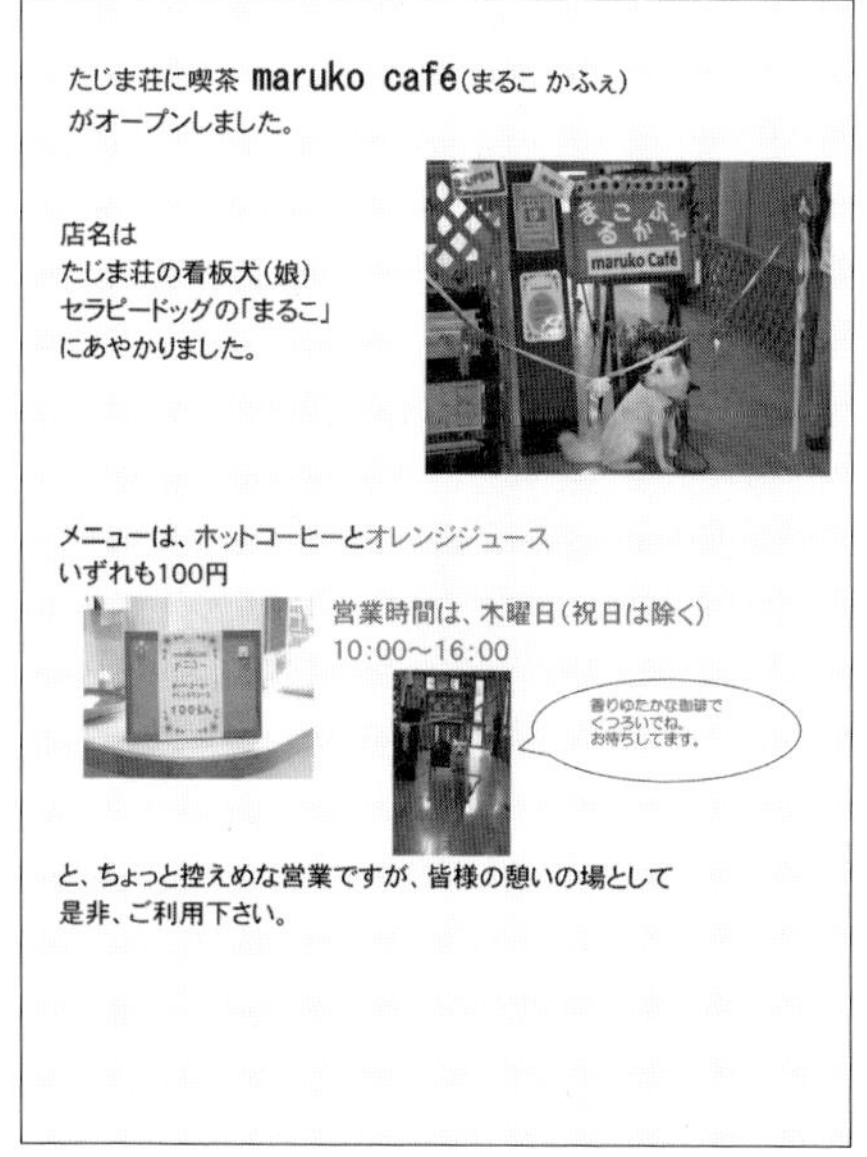

たじま荘に喫茶 **maruko café**(まるこ かふぇ)
がオープンしました。

店名は
たじま荘の看板犬(娘)
セラピードッグの「まるこ」
にあやかりました。

メニューは、ホットコーヒーとオレンジジュース
いずれも100円

営業時間は、木曜日(祝日は除く)
10:00～16:00

香りゆたかな珈琲で
くつろいでね。
お待ちしてます。

と、ちょっと控えめな営業ですが、皆様の憩いの場として
是非、ご利用下さい。

まるこカフェ開店のときの
お知らせ

まるこをなでながら、まるこに話しかけながら、コーヒーを楽しんでいます。

「犬っていうのはね、こっちの考えていることがわかるんだ。手がいたい日には、手をなめてくれるんですよ」

「そうですね。うれしいことがあった日は、犬もうれしそうな顔をしますよ。もしかしたら、ぐうぜんかもしれないけれど、うれしいものです」

おじいさんが話すと、横にいたおばあさんもうれしそうに答えました。

犬好きな人にかこまれると、まるこもいい気分。

こうして、まるこは「木曜日がわかる犬」に育ちました。

まるこの友だち

まるこが木曜日が好きになったのは、カフェに大事なお客さんが来るからです。あれだけ、人間をこわがっていたまるこに、友だちができたのです。

まちどおしくて、たのしみで、まるこはしっぽをフリフリとふりながら、木曜日をまっているのでした。

あ、きた！
ナカムラさんがきた！

「おおー。まるちゃん、元気にしとったかー」

茶色にかみをそめた美人ママさんが、げんかんにすがたをあらわしました。

元気、元気！

しっぽ、ぶんぶんぶんぶん！

目がキラッキラッキラ！

むねをパーンとはって、歩き方がのっしのっしとこのときばかりはなんだかえらそうです。

「こんな元気なまるこは、なかなか見られないぞ」

さっきのおじいさんが目を細めました。

ナカムラさんは、まるこの頭をなでて、てのひらにのせたおやつをモク

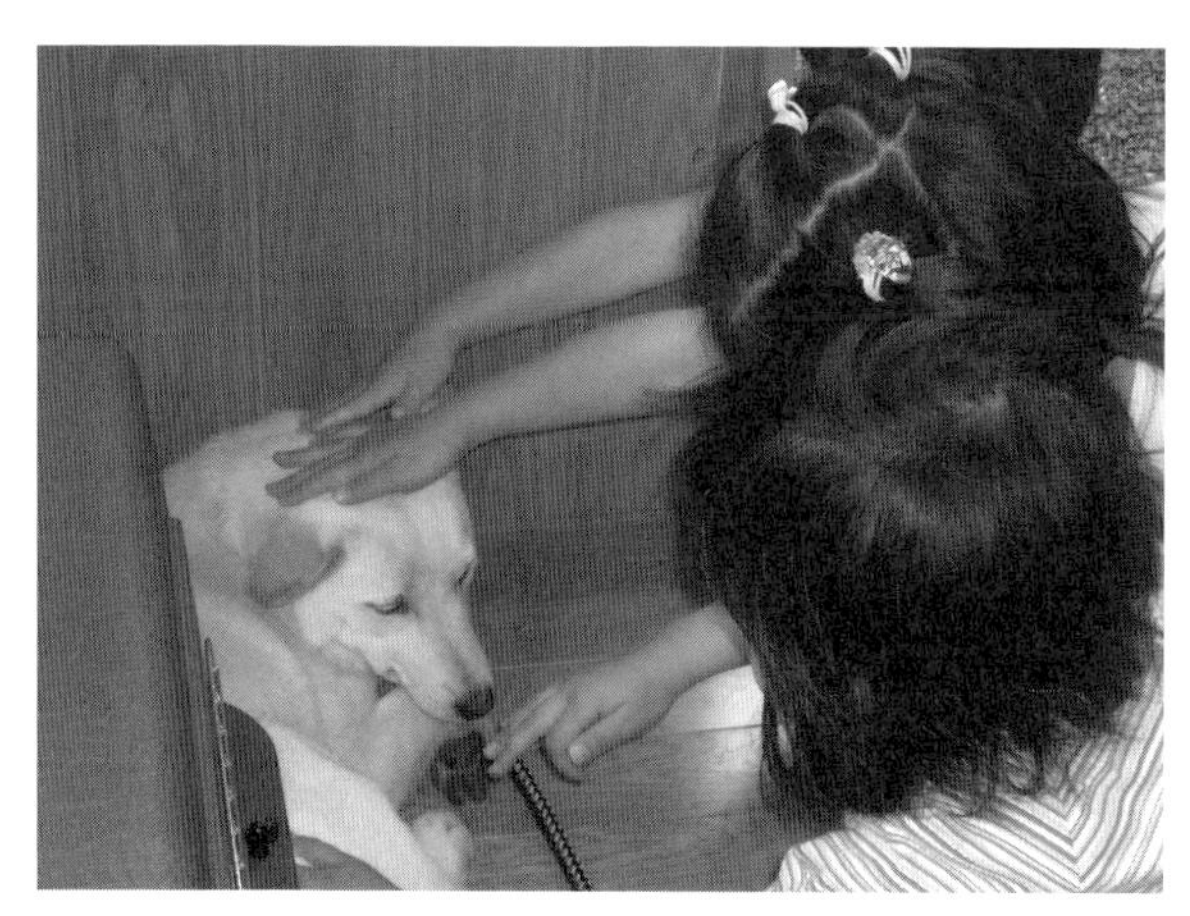

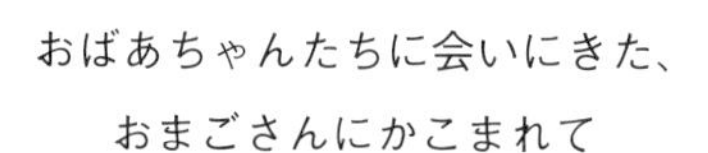

おばあちゃんたちに会いにきた、
おまごさんにかこまれて

っと食べさせます。

まるこはすごくうれしそうです。

「ちょっと待っててね、まるちゃん」

ナカムラさんは自分の親がいる部屋に向かいます。かいごが必要になり、この老人ホームでくらしているのです。

まるこは、遠ざかっていくうしろすがたをずっと見つめています。


しばらくして、ナカムラさんが親を乗せた車いすをおしながら「まるこカフェ」にもどってくると、まるこは「早く早く」ともどかしそうに、小さくスキップしました。

クーン、クーン、クーン。

「まるこは、ナカムラさんが好きでしかたないんよな」

あまりになついているまるこを見て、とおりすがりの職員が話しかけました。

「ごきげんさんやな、まるこ。ナカムラさんに会えてよかったな」

「いやいや、わたしもまるこに会えてよかったよ。ここに来るたのしみがふえたし、うちの親もまるこに会うのがたのしみなんだから。犬がこんなに老人を元気にするなんてすごいわね。だから、な、まるこ、あんたがおってくれてよかったわ。これからもたじま荘のみんなを、元気にしてくださいね」

ナカムラさんはおいしそうにコーヒーを飲みながら、まるこに言いました。

まるこの恋人

まるこには、いちばん、うれしい日があります。

それは、コデラさんに会える日です。

「まるこがいちばん好きな人はだれか」と聞くと、たじま荘のだれにきいても、コデラさんの名前があがるのです。

コデラさんは、むかし、このたじま荘でまるこのさんぽを担当していました。八年間もの長い間、雨の日も雪の日もいっしょにさんぽしました。

今はべつの施設ではたらいているので、会えたとしても、半年に一回、まるこカフェに来たときです。

げんかんの前で
「だれか、こないかな」と待つまるこ

でも、まるこはコデラさんの車が駐車場にとまっただけでわかるのです。

ちょっと！　マジで？

ほんとに？　きたの？　きたよ！

きた――――‼

きっとまるこは、そうさけんでいるにちがいありません。

いてもたってもいられないようです。

犬が「しっぽをちぎれるほどふる」といったら、右左右左と車のワイパーのように、パタパタと動くところを想像するでしょう？

いつもはそうなんです。

ところが、コデラさんのときだけはぜんぜんちがうのです。

まるこのしっぽは、ヘリコプターのプロペラのようにブルンブルンと横回転でまわりはじめるのです。そんなに回転すると、まるこのからだが宙にうくんじゃないか――!!! と思えるほどまわります。

「よっ、まるこさん。おひさしぶりです。お元気ですか」

コデラさんが、げんかんからさっそうと入ってきました。あいさつの様子もまるで、むかしのはいゆうの「たかくらけん」のような〝さりげなさ〟です。

「まるこさん、前はもっとまっ白だったのに、アメ色になってきましたね」

この人は、いつだって、どんなときでも「まるこさん」と「さん」づけでまるこをよびます。

理由は、しかるときは「まるこ!」とよびすてにするので、それ以外のときは「さん」をつける、というルールを自分で作っているのでした。

「そりゃあ、そのほうが、まるこさんだって気分がいいでしょう?」

コデラさんはわらいます。

まるこはコデラさんの命の恩人

「まるこさん、あなたは、むかしぼくの命を助けてくれたことがあったよね」

グオグオ

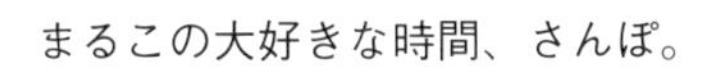

まるこの大好きな時間、さんぽ。

キュンキュン
スリスリ

話しかけられたまるこは、わかっているのかいないのか、コデラさんにじゃれついていました。

「あれは、いつだったかなあ。雪の日の朝のさんぽで、ぼくはこおった道で足をすべらせて、頭から地面に落ちたんです。気をうしなっちゃったんだよなあ」

スキップスキップ
ワンチャカ　ワンチャカ
ブルンブルン

「十分か、十五分か、つめたい氷の上で気をうしなって、目がさめたら、まるこさんの顔がまん前にあって、あたたかい息がかかっていたんだ。まるこさんが起こしてくれたんだよなあ」

グオグオ～ン

キュンキュンキュ～ン

スリスリ

「すぐに病院にいって、ことなきをえたんだけれど、おどろいたのはつぎのさんぽのときだ。まるこさんはその道を通ろうとしなかったね。ころんだ場所にさしかかると、一歩も動かなくなってしまった。ぼくの身になにかいやなことが起こると思ったのか、まるこさんは二度と通してくれなかったね」

ワンチャカ
ブルンブルン
クンクンクン

まるこがうなずいたように見えました。

「そうかい、そうかい。まるこさんもおどろいたんだね。あのときは起こしてくれて、本当にありがとう。まるこさんはぼくの命の恩人(おんじん)です」

まるこが表彰(ひょうしょう)された!

二〇一六年。

「癒し犬として
高齢者や多くの人々とのふれあいを通じ癒し犬の、
犬のあり方について県民への普及啓発活動に寄与されました」と
賞状に書かれています

そんなまるこが、兵庫県から表彰されることになりました。

「長年にわたって、お年よりのいやしの存在になっている」との理由で、兵庫県動物愛護協会から「功労動物」にえらばれたのです。

記者発表の資料には、

・いやし犬　まるこ（雑種／社会福祉法人　兵庫県社会福祉事業団所属）

まるこの名前がしっかり書いてありました。

まるこの活躍を、どこかでちゃんと見ていてくれた人がいたのでした。

このニュースに、日本レスキュー協会のイトウさんとアズイさんは、飛び上がるほどよろこびました。

犬すて山で生まれ、ころされそうになっていた子犬が、ここまでりっぱになるなんて！

そして、まるこという犬の存在をたくさんの人に知ってもらうことができるなんて！


「この仕事をやっていてよかったなあ」

と、イトウさんとアズイさんはかたいあくしゅをしました。

「それに、ぼくたちが、まるこをたじま荘に送りこんだのは、大せいかいだった！」


たじま荘に表彰状がとどいて、取材のために新聞記者がやってきました。

写真をとろうとしたときに、まるこもなんだかうれしそうでした。

すっかり、たじま荘の看板娘になったまるこもはや十一歳。

人間でいうと、六十歳~七十歳くらいのおばあちゃんになりました。

犬だって年をとる。

まるこは、だんだんとねむる時間が長くなってきました。

まるこの一生が幸せかどうか。

こればっかりはまるこに聞かないとわかりません。

とはいえ犬は人の言葉をしゃべりませんがね。


スースーと寝息をたてるまるこの寝顔をのぞき見ていると、満足そうにわらっているようです。

こっちまで安らかな気分になってきます。

……ということは幸せなのかな。

べベンベン
べベンベンベン

ベベンベン

犬はどこからきた。
犬はどこへいった。

犬はちゃんとここにいる！

まるこをほごしてから２年後、
マルコさんとまるこが再会

ベベンベン　心の弦（げん）がなる

みなさんは、犬をかっていますか？

ぼく（＝この文章を書いている筆者（ひっしゃ））は、小学生のときに、おかあさんに「犬をかおうよ」と言ったことがあります。そして、「うちでは犬はかえません」と言われたことがあります。

「だって、団地（だんち）でしょ！　ペット禁止（きんし）！」

「じゃあ、引っこそう！」

「引っこせますかっ！」


あああ、なんてこった。

うちが広い広い一軒家（いっけんや）だったらよかったのに。

そんなおうちに生まれたならば、きっと犬をかったでしょう。そして、うちのおかあさんはこうも言いました。

「あんた、犬は、あんたより先に死ぬねんで。寿命がみじかいねんで。自分が好きになったものが、自分より先に死ぬところを、目をつぶらず、顔をそむけず、見つめることができまっか！　わたしは、いやです！」

んぐぐ。

それは悲しい。

たぶん、ぼくはワンワンなくだろう。

ないてもないてもかえってこないのに、いつまでもなみだがかれるまでなくだろう。

ベベンベンベン

ベベンベン

これはむねのおく深くで、心の弦がなる音です。

せつないときは心の弦をかきならすしかありません。


さいわいなことに、まるこは、まだ死んでいません。

まるこが死ぬところを、だれも見ていません。

まるこは、まるこをかわいがってくれた人が先に死ぬところを見たことがあると思います。


でも、いずれ、まるこも死にます。これはしかたがありませんね。

ぼくだって死にますし、あなたもいずれ死にます。きょうではないだけ。

この世の中には、まるこより先に死ぬ命と、まるこが死んだあとに死ぬ命があるだけです。

もしも、まるこに会いたい人は、たじま荘に行ってみてください（木曜日がおすすめです）。

そして、「まるこ」って犬がいてね、その犬の運命はおもしろくてね、というふうに、だれか友だちに話をしてみてください。

まるこの運命は、人の手で運ばれているだけのように思えるかもしれないですが、それでよかったのではないでしょうか。

流されるから、うかぶ瀬もあり。

ぼくは、なるようになる、とどんどん流されたくらいのほうが人生はおもしろくなると思っています。まるこの話をきいて、ますますその思いを

七夕かざりも
まるこのおうちのすぐそばに

ふかめました。

かたの力をぬけば、からだはふっとうかびます。

力さえぬければ、あとは、だれかがあなたのことを見ていてくれると信じて、心を開いておけばだいじょうぶ!

きっと、まるこみたいにうまくいきますよ。


イトウさんとアズイさんに話をきいているときに印象的だったことは、ふたりとも一度も「かわいそう」という言葉を使わなかったことでした。

「かわいそう」にはきりがない。

「かわいそう」は行き止まり。

「かわいそう」には未来がない。

「かわいそう」には解決がない。

「かわいそう」はその相手のためにならない。

そんな主張がこめられていた気が（勝手に）しました。おふたりがりりしく、たくましく見えました。

たじま荘のみなさんには、取材でお世話になりました。使った話もありますし、使わなかった話もあります。話を聞かせてくださったみなさま、ほんとうにありがとうございました。

最後に、まるこが生まれた、山梨県の犬すて山の情報です。
マルコ・ブルーノさんのよびかけで、「うちでかいましょう」となったおうちはいくつもありました。
四百頭のワンコのうち、一頭、また一頭と、引き取り手が見つかっていきました（死んだ犬もいるそうです）。今（二〇一七年八月）の時点で、残り二頭の犬があの山にくらしているそうです。

もしもこれから犬をかおうと思う人は、できるだけ譲渡会で犬をもらってください。そうしたら、まるこがそうであったように、死んでしまうところだった犬の命をすくうことができますからね。

さて、そろそろ、お話はおしまいです。

ぼくは、この本を書きはじめる前に、まるこの名前のもとになった、マルコさんに、「いやし犬、って、いったいなんですかね?」と聞いたことがあります。

その答えをお伝えしましょう。

いやし犬か、いやし犬でないか、
そんなことは、どうでもいいのです。

犬がいるか。
犬がいないか。
ただそれだけです。
そして、
犬がいれば、ただそれだけでいいんです。
なにか芸をする必要もない。
とくべつなパワーを出すこともない。
それでも、ありがたいな、と思えます。
犬がいれば、ただいるだけで、あなたはいやされているのです。
だから、犬を大事にしてください。
犬を愛してください。

それがマルコさんの答えでした。

犬はどこから来た。
犬はどこへいった。
ベベンベンベン

この本に協力してくれたみなさま

《まるこを犬すて山からすくってくれたマルコさんの会》

動物愛護支援の会

http://www003.upp.so-net.ne.jp/HELP/home.htm

マルコ・ブルーノさんが主宰。
この日本で動物といっしょに生きていくにはどうしたらいいか、なにができるのかなど、
マルコさんのコメントがまとめられているホームページがあります。
里親募集、犬たちの様子の紹介なども。

《まるこが引き取られ、トレーニングをしたセンター》

認定NPO法人 日本レスキュー協会（兵庫県伊丹市）

http://www.japan-rescue.com/

レスキュードッグとセラピードッグの育成・はけん、
それにすて犬やすてねこのほごなどの活動を行っています。
災害時にレスキュードッグは国内外問わず、人を助けに行きます！

《まるこがいやし犬として活動している老人ホーム》

社会福祉法人 兵庫県社会福祉事業団

特別養護老人ホーム たじま荘（兵庫県豊岡市）

http://www.hwc.or.jp/tajima/

緑ゆたかな山々にかこまれ、四季を感じることができるかんきょうにあるたじま荘。
110人のお年よりが生活しています。

写真提供

動物愛護支援の会………9, 15, 21, 23, 25, 103, 132
日本レスキュー協会……29, 37, 45, 55, 59, 71, 83
たじま荘……………………95, 106, 111, 115
輔老 心 ……………………119, 123, 137

参考文献

『マルコの東方犬聞録—日本の犬だけには生まれ変わりたくない！』（マルコ・ブルーノ著 ハート出版）
『犬を殺すのは誰か　ペット流通の闇』（太田匡彦著　朝日新聞出版）

本書は物語を伝えやすくするために、一部再構成しています。

輔老 心（すけたけしん）

1967年兵庫県神戸市生まれ。明治大学中退。フリーライターとして、世界一になった人から無名の一般人まで、日本人も外国人も合わせて、さまざまな職業の人たち、1万人以上にインタビューしてきた。著書に『スーパーパティシエ物語―ケーキ職人・辻口博啓の生き方』『世界一のパティシエになる！ ケーキ職人 辻口博啓ものがたり』（ともに岩崎書店）

いやし犬 まるこ
お年よりによりそう犬の物語

2017年10月25日 第1刷発行
2018年 5 月31日 第2刷発行

著者 ―――― 輔老 心

発行者 ―――― 岩崎夏海　編集　田辺三恵

発行所 ―――― 株式会社　岩崎書店
〒112-0005 東京都文京区水道1-9-2
電話 03-3812-9131［営業］
03-3813-5526［編集］
振替 00170-5-96822

写真 ―――― 前川政明（表紙、口絵、本文）

デザイン ―――― 鈴木佳代子

印刷所 ―――― 三美印刷株式会社

製本所 ―――― 株式会社若林製本工場

Published by IWASAKI Publishing Co.,Ltd.
Printed in Japan
ISBN978-4-265-84011-3 NDC916

岩崎書店ホームページ http://www.iwasakishoten.co.jp
ご意見をお寄せください hiroba@iwasakishoten.co.jp
乱丁本・落丁本はお取り替えします

MARUKO